RELATION
FIDELLE

De ce qui s'est passé en Italie
en l'année 1630.

Entre les Armes de la France, & celles
de l'Empereur, d'Espagne, & du Duc
de Savoye, iointes ensemble.

A PARIS,

M. DC. XXXI.

RELATION FIDELLE

de ce qui s'est passé en Italie en l'année 1630. entre les armes de la France, & celles de l'Empereur, d'Espagne, & du Duc de Sauoye, iointes ensemble.

PAR le Traitté fait à Suze l'an 1629. entre le Roy & le Duc de Sauoye, ledit Duc est obligé de secourir Casal de viures & de munitions de guerre en payant, & de ioindre ses armes à celles du Roy, lors que le Duc de Mantoüe aura besoin de defense pour la conseruation de ses Estats.

Au preiudice de ce Traitté, le Roy ne fut quasi pas party de Suze, que le

Duc de Sauoye ne commençaſt à faire des trames ſecrettes, pour de nouueau priuer le Duc de Mantoüe du repos qu'il deuoit auoir en ſes Eſtats.

A ſon inſtigation, ou au moins ſelon ſon deſir, peu de temps apres des trouppes Alemandes entrent dans les Griſons, prennent & fortifient tous leurs paſſages, ſe ſaiſiſſent de leur ville capitale, paſſent en ſuitte en Italie, & attaquent le Duc de Mantoüe, au meſme temps que les Eſpagnols entrent auſſi dans le Montferrat.

Le Roy voyant la nouuelle oppreſſion de ce pauure Prince, n'oublia rien de ce qui luy fut poſſible, pour la faire ceſſer par voye de negotiation. Mais ne pouuant par ce moyen rien aduancer à la iuſte fin qu'il s'eſt touſiours propoſée du repos de l'Italie; il ſe reſolut d'enuoyer vne armée puiſſante pour ſecourir le Duc de Mantoüe. La Republique de Veniſe, qui l'auoit deſja puiſſamment aſſiſté, priſt la meſme reſolution, ſelon qu'elle y eſtoit obligée par vne ligue faite exprés auec le Roy. Et d'autant que le Duc de Sauoye auoit ſigné la meſme ligue, outre vn autre Traitté particulier fait ſur le meſme ſujet entre le Roy & luy ; ſa Majeſté le fit ſoliciter, & la Republique s'employa vers luy, pour le porter à ſatisfaire à ſon obligation.

Comme les forces de ſa Majeſté ſont eſloignées de ſes Eſtats, il promet toute facilité en ceſte entrepriſe : Il aſſeure qu'il ioindra ſes armes à celles du Roy, & fournira les viures neceſſaires pour l'accompliſſement du deſſein de ſa Majeſté.

Le Mareſchal de Crequy conuient auec luy de pluſieurs poincts à cet effet ; & entr'autres ſur le ſujet des viures, qu'il en donneroit en ſes Eſtats autant qu'on en voudroit, pourueu qu'on luy en liuraſt pareille quantité à Nice, où

il estoit aisé d'en faire venir de Mar-
seille, & qu'on luy payast trois escus
d'or pour la voiture de chaque charge.

Sur ce fondement on fait transporter
à Nice quinze mille sacs de bled, & les
armes du Roy s'approchent d'Italie.
Comme le Duc apprit qu'elles estoient
desia auancées iusqu'à Lyon ; il rend
difficile, & presque impossible, ce
qu'auparauant il auoit tesmoigné pouuoir executer auec facilité. Il fortifie
la teste de Veillane du costé de Suze,
pour estre en estat de leur empescher le
passage s'il vouloit.

Il croyoit le Roy si necessité à ne se
pouuoir passer de luy, qu'il se promettoit en tirer tous les aduantages qu'il
voudroit.

Tantost il propose la Paix à des conditions impossibles, & qui n'eussent
esté bonnes que pour luy. Aussi ne la
vouloit-il pas, mais bien allumer vne
forte guerre entre la France, l'Empe-

reur & l'Efpagne, & demeurer fimple fpectateur en eftat de iuger des coups, & prendre fon temps de fauorifer qui bon luy fembleroit, felon qu'il l'eftimeroit plus aduantageux pour fes interefts.

Le Cardinal de Richelieu le preffe autant qu'il luy eft poffible de fatisfaire à ce à quoy il eft obligé par fes Traittez & fes promeffes.

Il recule, il trouue des efchapatoires, auiourd'huy il demande vne chofe, demain il en veut vne autre. On luy promet tout ce qu'il pouuoit defirer, mefme au delà de la raifon.

Il veut qu'on luy entretienne grand nombre de gens de guerre, outre ce qui eft porté par le Traitté de Suze.

On luy accorde l'entretien de cinq mil hommes de pied & cinq cens cheuaux.

Il demande qu'on ofte les gens de guerre qu'on a mis au Pont de Grefin.

On confent encore à cette demande; & ce d'autant plus facilement qu'ils
n'y eftoient plus neceffaires, veu qu'on
ne les y auoit eftablis par le paffé , que
pour empefcher les trames & les negotiations que ledit Duc (au preiudice du
feruice du Roy , & de la reconciliation
qu'il auoit faite auec fa Majefté par le
Traitté de Suze,) faifoit auec les Hu-
guenots , qui depuis auoient efté reduits en leur deuoir. Mais deux poincts
empefchent principalement qu'il ne
foit content, & que le Cardinal qui
fçauoit les intentions de fon Maiftre
ne puiffe conuenir auec luy. L'vn,
qu'il a deffein d'obliger le Roy à ne fi-
nir iamais la guerre qu'apres la con-
quefte entiere du Duché de Milan:
l'autre, que fous pretexte d'vne diuer-
fion il veut attaquer les Genois au mefme temps que les armes du Roy entre-
ront dans le Milanois.

On luy reprefente que la raifon & la

prudence ne pouuoient permettre ce qu'il defiroit. Qu'on n'eftoit venu que pour la defenfe du Duc de Mantoüe: mais que fi elle contraignoit d'entrer dans les Eftats d'Efpagne , le Roy eftoit refolu de ne rendre iamais ce qu'il y aquerroit. Que pour ce qui eftoit de Gennes , fa Majefté moyenneroit qu'il receuft fatisfaction auec le temps, & fe rendroit garand que cette Republique ne feroit aucunes entreprifes contre luy pendant que les forces de France feroient en Italie.

Quoy qu'on luy die, il ne peut dépoüiller l'apprehéfion qu'il a, qu'apres qu'on aura commencé la guerre on ne faffe promptement la Paix ; & cefte confideration l'empefche de contenter fa Majefté, & fe ioindre à la iufte defenfe du Duc de Mantoüe.

Il eft impoffible de reprefenter les diuers moyens dont il vfe, pour côtraindre les armes du Roy à venir à fes fins.

On auoit fait diuers Traittez auec luy pour les viures neceſſaires à leur ſubſiſtance, mais il n'en execute aucun. Il promet tout, & ne tient rien. Il ne veut pas ſeulement permettre qu'on achete des bleds de pluſieurs marchands qui en veulent vendre en ſes Eſtats. Il fait empriſonner ceux qui ont faict de tels marchez auſſi toſt qu'il en a connoiſſance. Il fait encore le ſemblable d'vn marchand, auec lequel on auoit faict prix de la voiture des bleds qu'on auoit faict venir à Nicc auec ſon conſentement. Ainſi il ne veut, ny fournir de viures, ny permettre qu'on en trouue en ſes Eſtats, ny qu'on aye moyen de ſe ſeruir de ceux qu'on a faict apporter de France.

Nonobſtant tous ces manquemens, il pretendoit faire paſſer l'armée du Roy au Montferrat, où ſa penſée eſtoit de l'embarquer ſans viures, pour la tenir à ſa mercy entre les forces d'Eſpagne, de l'Empereur, & les siennes.

Le Cardinal de Richelieu connoissant son dessein, se resolut de s'auancer à Cazelette, afin qu'estant plus proche du cœur de ses Estats, la consideration & la crainte des armes du Roy le portast à ne les contraindre pas de faire quelque entreprise à son preiudice contre leur premiere intention. On n'oublie rien de ce qui se peut pour le persuader d'accomplir ses paroles.

Le Duc au contraire presse le Cardinal de partir de Cazelette, & passer au Montferrat. Le Cardinal luy declare qu'il ne le feroit point qu'il n'eust les viures qu'il luy auoit promis, & qu'il ne leuast aux armes du Roy les ialousies que iustement elles deuoient prendre de son procedé.

Pour cet effect ledit Cardinal enuoye les sieurs de Toiras Mareschal de Camp, & d'Hemery Intendant des Finances le trouuer à Riuole, où il eſtoit pour le prier de l'vn & de l'autre.

Il reſpond diuerſement. Tantoſt il ſe met en colere, iuſqu'à venir aux rodomontades. Par apres il s'adoucit & promet en termes generaux ce qu'on demandoit, ſans ſe diſpoſer à aucune choſe qui en fiſt voir l'execution. Le Prince meſme viſite le Cardinal, & luy promet en termes exprés de leuer les ombrages que Veillane luy pouuoit & deuoit donner. On en auoit quelque creance, mais on vit bientoſt l'effect de ſes paroles, veu que le lendemain le Duc fiſt venir les trouppes qu'il auoit à Veillane. Il aſſemble toutes ſes forces, prend deux grands logements qui ſont ſur la riuiere de la Doüaire, par leſquels ſeuls il eſtimoit que les armes du Roy peuſſent aller à luy ; met des corps de garde ſur les guez de la riuiere, & tient iour & nuict grand nombre de gens de pied & de cheual entre Caſelette & Riuole, où il auoit toute ſon armée.

Comme il eut ainſi diſpoſé ſes affaires , il retira des Commiſſaires qu'il
auoit eſtablis pour faire fournir des viures à l'armée du Roy pendant ſon paſſage.

Ainſi il faloit ſ'auancer à Caſal, ſans
y auoir les viures qu'il deuoit fournir
en contr'eſchange de ceux qu'on luy
auoit donnez à Nice, ou reculer à Suze,
ou perir par la neceſſité.

Le Cardinal voyant les inconuenients qui pouuoient arriuer d'vne
trop grande patience en ceſte occa-
ſion, iugeant auſſi qu'il n'eſtoit pas honorable aux armes du Roy que le Duc
de Sauoye teſmoignaſt vouloir & pouuoir les contrecarrer : il reſolut auec les
Lieutenans generaux, Duc de Mont-
morency, & principaux Officiers de
l'armée de ſe mettre en eſtat de prendre
le paſſage apres luy auoir demandé, &
de ſuiure les ordres precis que deux
iours auparauant il auoit receus du

Roy d'attaquer les Estats du Duc de Sauoye, s'il ne vouloit satisfaire aux Traittez qu'il auoit passez auec sa Majesté à Suze. Pour cet effect il enuoya querir l'auantgarde de l'armée du Roy, qui estoit logée dans le Montferrat, à six grandes lieuës de luy, où le Mareschal de Crequy l'auoit fait auancer, parce qu'il esperoit que le Duc de Sauoye agiroit sincerement auec sa Majesté, & qu'ainsi les forces du Roy auroient lieu d'aller sans delay s'opposer directement au mal qu'on vouloit faire aux Estats du Duc de Mantoüe.

Ceste auantgarde estant r'aprochée, le Cardinal donna rendez-vous à toutes les trouppes de l'armée la nuict du 18. au 19. Mars, auprés d'vn lieu où il y auoit deux guez qu'il auoit faict reconnoistre le iour auparauant, & assez de place pour mettre en bataille vne partie des forces du Roy.

On deuoit à la pointe du iour mettre six canons sur le bord de la riuiere,
en deux lieux reconnus à cet effect, & à
la faueur d'iceux, qui eussent tenu les
trouppes du Duc vn peu esloignées, la
Cauallerie eust passé en escadrons à
gué : & ayant pris son champ de bataille, l'Infanterie eust fillé sur vn pont
preparé à cet effect. En suitte dequoy
apparemment le Duc de Sauoye n'eust
pas faict ses affaires.

Deuant que de tenter par force le
passage, on auoit dessein d'enuoyer vn
Gentilhomme au Duc de Sauoye, pour
luy representer les inconuenients qui
pouuoient arriuer à l'armée du Roy au
lieu où elle estoit, le tort qu'il se faisoit
en tesmoignár qu'il vouloit y opposer
ses forces, le prier de ne le pas faire, &
luy dire ouuertement, qu'au cas qu'il
n'accordast pas le passage, on estoit
resolu de le prendre : Le sieur de Co-
minge Capitaine des Gardes estoit de-

ſtiné à cet effect. Le iour eſtant venu,
on s'apperceut que l'armée du Duc de
Sauoye s'eſtoit retirée la nuict dans
Thurin auec luy, & que la campagne
eſtoit libre. Cela eſtant on fiſt paſſer
la Caualerie aux guez comme on l'a-
uoit projetté, & l'Infanterie à l'vn des
Ponts, que le Duc auoit pris pour fer-
mer le paſſage.

Il eſt impoſſible de repreſenter le
mal que ſouffrit l'armée du Roy cette
iournée; iamais on ne vit vn tel temps.
Il auoit faict le iour auparauant le plus
beau du monde, il ſembloit que l'Eſté
fuſt venu: Mais ſur les trois heures apres
minuict il vint vne pluye, neige &
greſle, le tout ſi extraordinairement,
qu'il n'y auoit perſonne qui ne fuſt
moüillé depuis la teſte iuſqu'aux pieds:
ce qui n'empeſcha pas les pauures ſol-
dats (reduicts à telle extremité qu'il en
mourut de froid) de faire gayement
leur deuoir. Dieu permit que le temps
s'eſtant

s'estant mis au beau sur l'apresdinée, &
le logement de Riuole estant bon, les
soldats qu'on fit sejourner vn iour
pour les raffraichir, sans leur espar-
gner le vin & la viande, qui leur furent
distribuez auec ordre, ne penserent
plus aux incommoditez passées.

Aussi tost que l'Armée du Roy eut
passé la riuiere, le Cardinal enuoya le
sieur Seruien Intendant de la Iustice en
icelle vers le Duc de Sauoye, pour luy
dire que rien ne l'auoit contraint de
prendre le passage, que l'obligation
qu'il auoit à ne laisser pas perir l'Armée
du Roy. Qu'il n'auoit pour le present
autre dessein, que de la mettre en lieu
où elle peust viure commodément.
Que cela n'empescheroit point, s'il
vouloit, qu'ils ne vescussent en bonne
intelligence : mais que s'il ne l'estimoit
pas à propos, il se gouuerneroit selon
que son procedé luy en donneroit sujet. Il ne voulut pas voir ledit Ser-

B

uien, ny permettre qu'il vist Madame, ny le Nonce, ny l'Ambassadeur de Venise.

Le lendemain ledit Cardinal y renuoya encore, non plus pour parler au Duc, mais pour auoir la permission de rendre compte à Madame de ce qui s'estoit passé, & en instruire le Nonce, & l'Ambassadeur de Venise. Il refusa encores la priere qui luy fut faite sur ce sujet : mais sur le soir il enuoya vn Trompette au Cardinal, pour luy dire que s'il vouloit donner vn passeport pour vn des siens, il enuoyeroit traitter auec luy. Le Cardinal accorda sa demande, & deliura promptement son passeport, dont il ne vit depuis aucun effect. Cependant les grandes Armées ne deuant iamais perdre temps, ledit Cardinal fist aduancer celle du Roy droit à Pignerol, pour ouurir les passages des Alpes, oster les barrieres qui empeschoient que la France n'eust li-

bre communication auec l'Italie, & se
mettre en estat qu'il peust reccuoir du
Daufiné les viures qu'il y auoit faict
amasser pour l'Armée du Roy. Ce qui
succeda heureusement.

La place fut inuestie le 20. Mars sur
les six heures du soir, par le Mareschal
de Crequy qui menoit l'auantgarde.

Le Cardinal y estant arriué le 21. à
quatre heures, fist trauailler auec vne
telle diligence toute la nuict, que le
lendemain à dix heures trois canons
furent en estat de faire breche sur le
bord du fossé. Ce qui porta ceux de la
ville (qu'on fist sommer au mesme
temps) à se rendre & se garentir par ce
moyen de la rigueur des Armes de sa
Majesté.

Le mesme iour on attaqua le Fort
de la Perouse, qui se rendit à compo-
sition, par le moyen dequoy le passage
des viures qui venoient de France fut
ouuert.

Cependant le Gouuerneur de Pignerol s'estant retiré dans la Citadelle auec 400. Valesiens qui estoient en garnison, & 300. des sujets de son Altesse, on fut contraint de l'assieger. Les tranchées furent ouuertes le 23. & les trauaux aduancez auec telle diligence, que la veille de Pasques on fut attaché à vn des bastions de la Citadelle, auquel on commença à faire deux mines. Ceux de dedans se sentans pressez, & voyans de leurs yeux vne circonualation parfaite de la Citadelle, & en outre vn camp retranché auec des lignes, redoutes & forts, en sorte que les puissances d'Espagne, de l'Empire, & du Duc de Sauoye, qui estoient iointes ensemble, n'eussent peu les secourir, aymerent mieux se rendre par capitulation, que d'attendre la rigueur des Armes du Roy qui leur estoit ineuitable.

Ainsi ce siege finit le propre iour

de Pafques, iour heureux aux François en Italie, pour y auoir gaigné les
batailles de Serifolles & de Rauenes.

Auffi toft que la ville & Citadelle
de Pignerol furent prifes, le Marquis
de Spinola & le Duc de Sauoye, qui
iufques là n'auoient point voulu pre-
fter l'oreille à aucune condition de
Paix raifonnable, firent clairement
entendre par les Miniftres du Pape,
mefme par la bouche de Monfieur le
Legat, que pourueu qu'on vouluft
rendre cette place, ils fe porteroient à
toutes fortes de conditions raifonnables pour la Paix.

Le Cardinal de Richelieu, qui fça-
chant les intentions de fon Maiftre ne
defiroit autre chofe que la Paix, refpondit qu'il eftoit impoffible qu'il
euft le pouuoir de reftituer Pignerol,
puis que fa Majefté ne pouuoit encore
en fçauoir la prife : mais qu'il pouuoit
bien affeurer que le Roy ne vouloit

pas s'agrandir des defpoüilles de Monfieur de Sauoye. Qu'il fe promettoit
d'eftre bien toft auprés de luy qui s'a-
uançoit vers Lyon, & que lors il fe faifoit fort de faire voir par effet, que
la reftitution de Pignerol n'empefche-
roit point vne bonne Paix.

Le Cardinal ne fut pas pluftoft auprés du Roy, que le fieur Mazarin y
vint pour fçauoir l'intention de fa
Majefté, qui aprés s'eftre plaint du
procedé que le Duc de Sauoye auoit
gardé auec luy, ne fift aucune difficulté de promettre la reftitution de Pignerol, & de tout ce qu'il tenoit des
Eftats dudit Duc, pour vn fi grand
bien que le repos de l'Italie, & de
toute la Chreftienté.

Le Marefchal de Crequy, les fieurs
de Bullion, de Chafteauneuf, & Bou-
thillier, furent nommez Commiffai-
res, pour auec le fieur Mazarin, qui
fçauoit l'intention des Miniftres de

l'Empereur, d'Espagne, & du Duc de Sauoye, dresser des Articles ausquels toutes les parties peussent condescendre, & le peussent faire par raison.

Le Cardinal de Bagny y trauailla coniointement auec eux. Il en fut fait vn projet si raisonnable, que le sieur Mazarin ne croyoit pas qu'il s'y peust trouuer difficulté. Il partit le 16. Iuin d'Annecy auec ce projet, & promit d'en faire auoir response quinze iours apres.

Nonobstant ces esperances & ces promesses, quarante iours se passerent sans qu'on eust aucune response de sa part. Au bout de ce temps il reuint luy-mesme, pour dire que depuis qu'il auoit veu le Roy, le Marquis Spinola s'estoit embarqué au siege de Casal, qu'il esperoit emporter en quarante iours. Qu'en vn mot il ne faisoit point de response sur les Articles de la Paix, parce que Colalte, ledit Spinola, & le

Duc de Sauoye n'auoient point voulu luy en rédre: mais qu'ils la luy promettoient dans peu de iours, ayant arresté qu'ils s'assembleroient à cet effect.

Que voyant leurs longueurs, il estoit venu seulement pour tesmoigner qu'il n'auoit pas tenu à luy qu'il n'eust rapporté vne bonne resolution, comme il l'auoit promis sur la parole que luy en auoient donnée ceux qui la deuoient prendre. Qu'il auoit aussi desiré par ce second voyage s'esclaircir de quelques adoucissemens qu'il auoit penetré pouuoir grandement contenter les interessez, & faciliter la Paix.

Sa Majesté luy fit cognoistre, que les ennemis auoïent tort d'vser de ces remises. Que c'estoit à son grand regret, que pour ne vouloir pas conclure vne Paix, ils l'auoient contraint d'entreprendre la conqueste de la Sauoye, & luy auoient donné assez de temps pour s'en rendre maistre. Que l'heu-

reufe iffuë qu'il auoit euë de ce
deffein ne l'empefchoit pas de defirer
la Paix aux mefmes conditions qu'il
auoit faict auparauant.

Pour luy faire voir l'effet de fes paroles, elle trouua bon qu'on luy don-
naft efclaireiffement & fatisfaction
fur ce qu'il defiroit. Il f'en retourna
auec intention & efperance, felon qu'il
tefmoigna , de rendre refponfe dans
huict ou dix iours au plus tard. Cependant il demeura encore vn mois, durant lequel Mantoüe fut prife, & le
fiege de Cafal fort auancé.

Au bout de ce mois il reuint dire,
qu'il n'auoit peu encores tirer aucune
refponfe, & que les intereffez ne f'e-
ftoiét pas encore affemblés, mais qu'ils
le feroient dans fix iours, & feroit fçauoir fans plus manquer vne derniere
refolution trois iours apres leur entre-
veuë. Que ce troifiefme voyage ne
feroit pas inutile, fi on vouloit retran-

cher du projet qu'on luy auoit donné
certaines conditions qui deplaisoient
à l'Empereur, touchant l'interuention
qu'on demandoit de diuers Princes
pour la seureté de la Paix.

Afin que rien n'empeschast vn si
bon œuure, au lieu qu'on desiroit auparauant vne ligue de plusieurs Princes obligez à maintenir Monsieur de
Mantoüe en ses Estats, qui fussent
caution de la Paix, ce qui sembloit in-
teresser aucunement la dignité de
l'Empereur, on se contenta qu'il luy
pleust seulement conuier lesdits Princes à la defense du Duc de Mantoüe
lors qu'il en auroit besoin : & l'Article en fut couché selon qu'on l'auoit
tousiours desiré de sa part.

On repassa encores sur tout le Traitté, en sorte que ledit Mazarin ne iugeoit pas qu'on y peust trouuer à re-
dire.

S'en estant retourné il depescha le

iour qu'il auoit promis, pour faire sçauoir qu'il ne pouuoit plus excuser les remises de ces Messieurs, qui ne s'estoient point assemblez.

Six iours apres le Comte Colalte arriua au lieu où estoit le Duc de Sauoye, & n'oublia pas à publier que la prise de Mantoüe n'empescheroit pas la Paix, & que l'Empereur vouloit bien restituer cette place. Mais Spinola ne vint pas, ains demeura au siege de Casal, où le sieur Mazarin alla en diligence de la part du Duc de Sauoye, pour le presser d'entendre à la Paix, & luy faire cognoistre que ledit Duc estoit obligé de s'y porter, puis qu'on luy vouloit rendre son bien.

Spinola demanda, que pour la reputation de son Maistre on deposast la ville de Casal entre ses mains, le sieur de Toiras & les autres François se retirans dans la Citadelle. Et afin qu'on ne creust pas qu'il eust autre deffein que fortir honorablement de cette affaire, il propofa de donner fon fils pour oftage & feureté de la reftitution qu'il feroit de la ville de Cafal quinze iours aprés qu'il l'auroit receuë. Pour faciliter fon deffein, il promettoit auffi qu'en mefme temps on rendroit la ville de Mantoüe au Duc, qui par ce moyen feroit affeuré de tous fes Eftats.

Le Roy, qui n'a iamais eu autre but que le repos de l'Italie, & la conferuation des Eftats du Duc de Mantoüe, voyant que par ce moyen il viendroit à fes fins, accorda la propofition du Marquis Spinola, & enuoya pouuoir à fes Lieutenans generaux en Italie, d'entendre.& conclure le Traitté propofé.

Comme le Marquis fceut qu'on ne s'efloignoit pas de ce qu'il auoit defiré, il dit que depuis auoir fait cette ouuerture, le Roy Catholique luy auoit ofté

le pouuoir de faire la Paix, & pour Iustifier son dire monstra vne lettre d'E-
spagne, qui portoit ces mots, *La espe-
riencia mostra que el hauer vos facilita-
do tanto la paz, ha estorbado la effettu-
acion della, y assy os ordenamos y manda-
mos que oygais loque se os dira a cerca
della, para darnos quenta de todo sin
concluir nada.*

Et au lieu de cette proposition, qui
asseuroit la Paix par le depost qu'on
eust fait de la ville de Casal entre ses
mains, il veut qu'on luy remette cette
place, sans esperance de restitution ny
apparence de Paix. Il veut qu'on la luy
remette pour sa seule gloire, ne pouuant souffrir que le Comte Colalte ait
surpris Mantoüe par ceux qui estoient
sous sa charge contre toute sorte d'apparence, & qu'en quatre mois il n'ayt
peu par force se rendre maistre de Casal, qu'il auoit asseuré ne pouuoir resi-
ster que quarante iours à ses Armes.

Cette proposition fut iugée si des-
raisonnable & si iniurieuse par le Comte Colalte & le Duc de Sauoye, que
pour euiter l'entiere rupture qu'elle
deuoit produire, ils firent proposer
par Mazarin vne suspension de huict
iours,à la charge que les Armes du Roy
ne passeroient point le Po du costé du
Milanois, & que les leurs ne le passeroient point aussi du costé de la France, donnant esperance que dans ce
temps ils forceroient Spinola à se porter à la Paix, luy faisant clairement entendre, que puis que l'Empereur & ledit Duc, qui seuls estoient interessez en
cette affaire, y trouuoient leur satisfaction, il n'estoit pas raisonnable que
les Espagnols, qui ne vouloient paroistre qu'auxiliaires en cette occasion,
empeschassent vn si bon effect pour
vne jalousie, & que partant s'il ne vouloit se porter à la Paix, ils la concluë-
roient sans luy.

Cette ouuerture fut acceptée par ceux qui commandoient les Armes du Roy en Piedmont.

Au bout de deux iours Mazarin les reuint trouuer, pour leur dire que le Duc de Sauoye ne defiroit plus cette fufpenfion, fi on ne luy remettoit la ville & les retranchemens de Veillane que le Marefchal de Schomberg auoit pris, & fi pendant ladite fufpenfion on ne mettoit des viures dans le Chafteau pour autant de temps qu'elle dureroit, à condition que fi les affaires ne s'accommodoient dans huict iours la place feroit remife entre les mains dudit fieur Marefchal. Il vouloit encores qu'on permift à fon armée de paffer le Po vers la France, & que la noftre fe retiraft dans certains lieux peftiferez, où elle n'euft fçeu fubfifter, tant à caufe des maladies, que parce auffi que tous les bleds en auoient efté mangez.

On refpondit, que bien qu'on igno-

raſt les raiſons d'vn tel changement,
on ſe retireroit volontiers de Veillane,
encores que le Chaſteau ne peuſt reſi-
ſter plus de ſix iours aux Armes du
Roy, pourueu que l'armée des ennemis ſe retiraſt pareillement de deuant
Caſal, qu'on y miſt des viures pour autant de temps que dureroit la ſuſpenſion, & que le Duc de Sauoye donnaſt
des aſſeurances vallables, que dans la
fin de ladite ſuſpenſion il ſe ioindroit
abſolument aux Armes du Roy, ſi ſes
collegues n'acceptoient la Paix aux
conditions, dont luy-meſme demeuroit d'accord.

On adiouſta, que le moyen d'inter-
rompre, & non pas de faire vne ſuſpenſion eſtoit d'aprocher les Armées de
deux ou trois mil l'vne de l'autre, ſans
riuiere entre-deux, par ce qu'il eſtoit
difficile d'empeſcher en tel cas qu'elles
vinſſent aux mains : mais que cette difficulté ſe ſurmonteroit aiſément par le
naturel

naturel des François, qui n'aprehen-
doient pas telles rencontres.

Mazarin s'en retourna auec cette
resolution, tesmoignant estre bien fas-
ché du procedé des ennemis, qui s'ex-
cusoient les vns sur les autres pour ne
faire aucune response, & qui en ce faisant ostoient tout moyen de traitter la
Paix au grand dépiaisir du Pape, qui
desiroit passionnément voir les trou-
bles de l'Italie heureusement paci-
fiez.

Deux iours apres il fit sçauoir que le
Côte Colalte n'auoit plus pouuoir de
traitter la Paix : Qu'il auoit receu ordre
de l'Empereur de ne conclure aucun
Traitté, par ce qu'il s'en estoit ouuert
vn à Ratisbóne, entre les Ministres de
l'Empereur & le sieur de Leon Ambassadeur de France.

On respódit que ledit Ambassadeur
n'auoit eu iusqu'alors autre pouuoir,
que de iustifier à l'Empereur, & à tous

les Princes qui se trouueroient à la Diette, les bonnes intentions du Roy, & faire cognoistre que sa Majesté ne vouloit point s'enrichir des despoüilles d'autruy, ny augmenter ses Estats par la diminution de ceux des Princes d'Italie. Mazarin fit sçauoir en suitte, qu'il estimoit à propos de penser à vne suspension generale, qui asseurast Casal & Veillane tout ensemble.

On ne refusa pas cette ouuerture: mais bien desira-t'on en voir plus d'effet que des autres, qui toutes auoient esté vaines.

Au mesme temps arriua la prise du Chasteau de Veillane par le Mareschal de Schomberg, qui emporta cette place d'importance en neuf iours. En suitte dequoy on n'entendit plus parler de negotiation iusqu'au 27. Aoust, où les ennemis desireux de r'alentir le cours des Armes du Roy, qui se preparoient au secours de Casal, & de gaigner par art ce qu'ils craignoient ne pouuoir conquerir par force, demanderent de nouueau Trefue de douze iours entre les Armées qui estoient en Piedmont, faisant esperer qu'elle en produiroit vne generale, qui suspendroit le siege de Casal, & donneroit temps d'attendre des nouuelles d'Alemagne, où ils disoient que la Paix se deuoit conclure.

Les Generaux de l'Armée du Roy accorderent la Trefue pour six iours, & consentirent qu'elle fust de douze, pourueu qu'elle fust suiuie de la generale, qui deuoit comprendre Casal. Ainsi ils se porterent franchement à tout ce qui deuoit produire & faciliter vne bonne Paix, & euiterent autant qu'ils peurent, ce qui sembloit n'auoir autre fin que la perte de Casal, par ruse & par tromperie.

Pendant la Trefue de six iours arriuerent des lettres du sieur de Toiras aux Lieutenans generaux de l'Armée du Roy, qui portoient en termes exprés, que la peste estoit si grande dans la ville de Casal, & les auoit reduits à vn si petit nombre d'habitans & de soldats, qu'ils estoient hors de moyen de pouuoir continuer leur garde, & la defense de la place, dont il estoit contraint de quitter les dehors. Qu'il leur auoit desia escrit, qu'il n'auoit des viures que iusqu'au 25. Septembre, mais qu'il craignoit bien d'en auoir de reste, tant on l'attaquoit viuement, les ennemis estans desia attachez au bastion de la Citadelle. Qu'il les coniuroit de prendre leurs mesures sur ce pied. Et finissoit l'vne de ses lettres, leur disant qu'il leur escriuoit la larme à l'œil, & les asseuroit que Casal estoit perdu & pris, s'ils ne prenoient vne prompte resolution de le secourir.

Au mesme temps Mazarin proposa vne Trefue generale à des conditions fort dures, puis qu'elles obligeoiét à remettre la ville & le Chasteau de Casal entre les mains des ennemis, à condition, que si depuis le 26. Octobre, où la Trefue finiroit, iusqu'au premier Nouembre, on pouuoit secourir la Citadelle, en sorte que l'Armée du Roy ne fust point empeschée par les forces d'Espagne de communiquer auec ceux qui estoient dedans, le Marquis Spinola rendroit la ville & le Chasteau. Comme aussi si ladite Citadelle ne pouuoit estre secouruë, elle seroit remise entre ses mains.

Pour adoucir l'amertume de ces conditions, on asseure que moyennant cette suspension generale la Paix se feroit infailliblement. Que le Prince de Piedmont ne desiroit la remise de la ville & du Chasteau de Casal, que pour auoir lieu de reduire les Espagnols à la Paix: & que pour le tesmoigner ledit Prince de Piedmont promettoit, que si dans la fin de la suspension la Paix ne se concluoit selon lo projet qu'on luy auoit fait voir de la part du Roy, duquel il demeuroit d'accord, il se ioindroit aux Armes de sa Majesté pour le secours de Casal.

Ces Messieurs voyant l'extremité où le sieur de Toiras representoit Casal, & l'asseurance qu'on donnoit pour le Prince de Piedmont, estimerent de-uoir accepter la Trefue proposée & poursuiuie par Mazarin. Et de faict ils la consentirent sans attendre les ordres du Roy sur ce sujet, par ce qu'ils ne iugeoient pas auoir temps de le faire.

Pendant la Trefue, le Mareschal de Schomberg sollicita autant qu'il peut l'execution des paroles du Duc de Sauoye, qui l'obligeoient formelle-ment, ou à faire conclure la Paix, ou à se tourner du costé du Roy : mais il ne peut auoir aucun effet de l'vn ny de l'autre.

Il fut fait diuers voyages vers ledit Mareschal, pour luy persuader par plusieurs raisons, que la ionction du Prince de Piedmont estoit inutile aux Armes de sa Majesté en l'estat auquel il estoit. Mais il fit clairement cognoistre à celuy qui auoit ce dessein, que ses raisons ne pouuoient estre bonnes, puis qu'elles n'auoient autre fin que d'excuser le Duc de l'execution de ses paroles, dont luy-mesme auoit esté porteur.

Mazarin proposa en suitte audit Mareschal d'apporter du changement à quelques Articles de la Paix, ce dont il ne s'eloigna pas, pourueu qu'on ne touchast pas à la substance des essentiels.

Vne autre fois il luy dit, que le pouuoir qu'auoit le Comte de Colalte de traitter la Paix auoit esté reuoqué de nouueau, sur ce que le sieur de Leon consentoit à des conditions plus aduantageuses, que celles qui estoient proposées en Italie.

Le Mareschal respondit, que cela ne pouuoit estre. Que le sieur de Leon, qui n'estoit allé en Alemagne que pour faire voir clairement la iustice du procedé du Roy aux affaires d'Italie, auoit bien consenty par la priere des Electeurs à entrer en negotiation, & voir si suiuant les asseurances qu'on luy en donnoit la Paix se pourroit conclure de delà, aux mesmes conditions qui estoient proposées en Italie. Que le Roy luy en auoit enuoyé pouuoir depuis son arriuée à Ratisbonne, sur ce qu'il auoit escrit à sa Majesté, que tout le College des Electeurs le desiroit ainsi passionnément : mais que cette negotiation n'empeschoit pas celle qui se faisoit en Italie, au contraire qu'il auoit aduis dudit sieur de Leon, que le pouuoir de Colalte estoit continué, & que les Ministres de l'Empereur luy auoient fait entendre, que si le Traitté qui estoit commencé en Italie se paracheuoit, il auroit lieu au preiudice de celuy d'Alemagne, quand mesme ils seroient tous deux concluds en mesme iour.

Ces veritez & ces raisons estant inutiles, il n'y eut plus lieu de douter que les ennemis n'eussent mis en auant tout ce qu'ils auoient dit pour gaigner temps, & attendre les pluies de l'Automne, beaucoup plus puissantes pour empescher le secours de Casal, que l'effort de leurs armes.

On fut du tout esclaircy de leur dessein, lors que les depesches dudit sieur de Leon apprirent, qu'apres les grandes esperances qu'on luy auoit données en Alemagne de venir à vn bon Traitté, on luy proposoit des códitiós si déraisonnables & si iniustes, qu'il n'estoit pas possible de les entédre, sans estre touché d'vne iuste indignation.

Au lieu qu'on auoit tousiours esté d'accord, qu'en signant vn Traitté de Paix l'inuestiture seroit actuellement donnée au Duc de Mantoüe, l'Empereur ne veut plus en vser ainsi : mais bien la promettre seulement, & que les parties interessées, le Duc de Sauoye, la Duchesse de Lorraine, & le Duc de Guastalle ioüissent actuellement de la part qu'il luy plaira leur donner sur les biens du Duc de Mantoüe, auant que ladite inuestiture luy soit deliurée. Ce qui seroit vn honneste moyen de despoüiller actuellement ledit Duc de Mantoüe d'vne partie de ses Estats, sous le tiltre d'vn accord, & le tenir priué du reste, tant que bon sembleroit à ses ennemis, qui ne manquent pas d'inuentions & de subtilitez pour embarasser les affaires.

L'Empereur veut iuger lesdits partages ainsi qu'il luy plaira, comme si le Traitté fait entre le Roy & le Duc de

Sauoye, pour le sujet de ce que doit
auoir ledit Duc au Montferrat, ne deuoit plus auoir de lieu, bien que ses Ministres en Italie en soient tousiours demeurez d'accord.

Il veut non seulement donner plus
au Duc de Sauoye, que ce dont il est
conuenu luy-mesme pour l'obliger
aux despens d'autruy : mais en outre il
pretend que ses Ministres en Italie au-
ront le pouuoir de decider la nomina-
tion & eualuation des lieux qui doiuent estre donnez audit Duc. Ce qui ne
se peut non seulement sans faire tort
au Roy, au iugemét duquel les Ducs de
Sauoye & de Mantoüe se font sousmis
par Traitté autentiquement passé : mais
en outre, sans mettre cet affaire en estat
de n'en voir iamais la fin.

On fait interuenir vn Agent de la
Duchesse de Lorraine, qui declare ouuertement, que sa Majesté ne veut plus
que ses pretentions soient iugées par

l'Imperatrice , & la Reine Mere du Roy, Sœur & Tante de ladite Duchesse. Il fait semblant de s'en vouloir remettre aux Electeurs de Mayence & de Treues. Mais ces deux Princes iugeans que l'Imperatrice & la Reine doiuent decider ce different, il refuse d'aquiesser à leur aduis.

Les pretentions du Duc de Guastalle, qu'on a tousiours estimé deuoir estre eualuées en argent, sont demandées en terres. Et bien qu'on n'aye iamais pretendu plus de cent mil escus vne fois payez, on veut quatre fois dauantage, & ce en lieux qui démembrent le Duché de Mantoüe, qu'on sçait assez estre fort petit de soy-mesme.

On veut raser la Citadelle de Casal, & qu'en restituant Mantoüe à son Seigneur naturel, le Fort de Porte, qui en est la Citadelle, demeure entre les mains de l'Empereur.

On propose encore de retenir quelques autres places dans le Mantoüan
pour seureté des droiⁱs de la Duchesse
de Lorraine. Ce qui monstre bien
qu'on ne veut restablir ce pauure Prince qu'en apparence, & qu'en effet on
veut demeurer maistre de ses Estats.

On ne veut pas employer dans le
Traitté de Paix aucun article qui con-
cerne la reparation des contrauentions
faites au Traitté de Mouçon, bien que
ceux qui traittent en Italie n'en ayent
iamais fait de difficulté. Le sieur de
Leon fait entendre aux Ministres de
l'Empereur, que les Espagnols ne peu-
uent auoir cette pretention auec raison, veu que le Traitté de Mouçon
auoit esté fait auec eux, & qu'ils estoiét
autheurs des contrauentions qui y
estoient arriuées. Sur cela, on dit ouuertement que les Espagnols ne veulent pas interuenir au Traitté qui se fe-
ra : chose du tout iniuste, puis que par

ce moyen on nous lieroit à tout ce qui leur seroit auantageux, sans qu'ils le fussent à aucune chose, & que l'Empereur pourroit quand bon luy sembleroit rompre, par eux, ou sous leur nom, le Traitté qui auroit esté fait, sans qu'apparemment nous eussions lieu de nous en plaindre.

Pour comble de rigueur vers le Duc de Mantoüe, l'Empereur ne veut plus s'obliger par le Traitté de ne rien entreprendre contre luy, ains à l'assister & proteger à l'aduenir, enuers & contre tous. Le pretexte qu'on prend est, qu'il n'est pas de la dignité de l'Empereur, de s'obliger enuers vn autre Prince, pour la seureté de son vassal. Le sieur de Leon represente que cette excuse n'est pas receuable, puis qu'il y a cent exemples pareils en diuers Traittez, & que par cette voye l'Empereur declareroit plustost sa volonté, qu'il ne s'obligeroit enuers vn autre. Il met

en auant, que le Comte Colalte n'a iamais fait difficulté à cet article : mais
toutes ces raisons sont inutiles.

On vient iusqu'à ce poinct, que de
pretendre par diuers moyens colorez,
porter le Roy à abandonner ses Alliez,
On le propose, ou pour en auoir l'effet au preiudice de la reputation d'vn si
grand Prince, ou pour tirer profit des
fausses apparences qu'on a dessein d'en
faire paroistre au preiudice des affaires
de sa Majesté, qui ne voudroit, pour
quelque consideration que ce peust
estre, manquer à ce qu'il doit à ses an-
ciennes Alliances.

Quelque proposition qu'on face vn
iour, le lendemain on en met d'autres
en auant.

Les Ministres de l'Empereur disent
à vne heure, qu'il veut absolument la
Paix, mais qu'il en est empesché, par ce
que l'Ambassadeur d'Espagne n'a aucū
pouuoir d'y entendre. A vne autre ils

font esperer, que nonobstant le man-
que de pouuoir d'Espagne, l'Empereur
ne lairra pas de conclure vn Traitté
pour ce qui le regarde.

Apres qu'on a conceu cette esperance, nouuelles difficultez interuien-
nent sous le nom de quelqu'vne des
parties interessées, sur lesquelles on tes-
moigne estre obligé de faire consideration. Ainsi il se trouue tousiours
quelque nouueau sujet, pour colorer
les remises dont on vse.

Le sieur de Leon represente, qu'en
déniant des cõditions si raisonnables,
comme sont celles qu'il met en auant
de la part de son Maistre, ce n'est pas
auoir dessein de Paix, mais bien en
vouloir seulement parler pour gaigner
temps, comme il est dit cy-dessus; ou
tout au plus, pour faire vn Traitté capable de nous exposer au mespris de
tout le monde, & engendrer de nouuelles guerres plus irreconciliables que
celles

celle dont on vouloit fortir : mais toutes ces raifons ne produifent aucun
fruict.

Au mefme temps qu'on agit ainfi
en Alemagne, on ne procede pas plus
modeftement en Efpagne. Le Comte
d'Oliuares dit en termes expres au
fieur de Barraut Ambaffadeur du Roy,
qu'il ne falloit point efperer la Paix
que Cafal ne fuft entre les mains de fon
Maiftre, & que cette negotiation eftoit
trop importante, pour eftre concluë
en autre lieu qu'en fon Palais. Ainfi
le temps de la Trefue f'efcoule en pro-
pofitions vaines & inutiles.

Le Roy ayant cognoiffance de ce
qui f'eftoit paffé, laffé d'vne telle pro-
cedure, mande au fieur de Leon qu'il
f'en reuienne, & fe refoud de laiffer
tenter à fes Armes qui font en Italie le
fecours de Cafal, bien qu'il fe fuft rendu beaucoup plus difficile, qu'il n'e-
ftoit auparauant qu'on euft deliuré la

ville & le Chasteau, sur les asseurances que le Prince de Piedmont auoit données.

Ledit Prince n'a pas plustost cognoissance de cette resolution, qu'il tasche par nouuelles propositions d'en destourner l'effet.

Il fait interuenir Madame, qui à sa suscitation demande la prolongation de la Trefue pour huict iours. Ce qui ne pouuoit auoir autre fin que l'attente du mauuais temps, & des trouppes qui commençoient à entrer d'Alemagne en Italie.

Il fait ouuerture en grand secret de se rendre neutre, & faire sortir toutes les trouppes des ennemis de ses Estats, moyennant que par ce moyen on luy rende ce que le Roy y a conquis.

Le Mareschal de Schomberg luy respond, qu'en ce marché le Roy perdroit non seulement ce qu'il tenoit de ses Estats, mais en outre cet aduantage,

que n'eſtant pas neutre les ennemis
ſont obligez de diuiſer leurs forces,
pour en laiſſer vne partie pour garder
ſes places ; au lieu que ſi elles eſtoient
aſſeurées par la neutralité, ils ioin-
droient toutes leurs trouppes enſem-
ble, pour s'oppoſer plus puiſſamment
au ſecours de Caſal.

Sur ce ſujet il le conuie de ſatisfaire
à ſes promeſſes, & l'aſſeure de la reſti-
tution de ſes Eſtats.

Il demeure en balance, ſans qu'on
puiſſe iuger d'abord pour quelle cauſe:
mais peu de temps le fait cognoiſtre
clairement.

Il attendoit la concluſion d'vn
Traitté qui ſe faiſoit en Alemagne,
auquel il ſçauoit bien qu'il trouueroit
ſon compte. Et en effect le 20. Octobre on receut vne depeſche du ſieur
de Leon, qui donnoit aduis, que le 13.
dudit mois il auoit ſigné des Articles
de Paix. Ce nom de Paix réioüit vn

chacun, & iamais nouuelle ne fut mieux receuë generalement de tout le monde. Mais l'ouuerture des paquets conuertit la ioye qu'on auoit prise en tristesse, en l'esprit de ceux qui en eurent cognoissance, la lecture du Traitté faisant cognoistre que ledit sieur de Leon n'auoit en aucune façon suiuy ses ordres. Qu'il auoit notablement excedé son pouuoir en diuers poincts, dont il auoit traitté sans charge. Que les termes du Traitté ne correspondoient pas à la dignité de ceux qui auoient esté autresfois passez, entre l'Empereur & la Fráce. Qu'il y auoit tát d'obscuritez, & de circonstances si mal digerées, que si les ennemis le vouloient expliquer de mauuaise foy, les interests de nos Alliez ne s'y trouuéroient pas soustenus, selon les iustes intentions du Roy, & l'execution en seroit impossible. Ce qui seroit capable d'engendrer de perilleuses guer-

res, au lieu de produire vne vraye paix,
neceſſaire à toute la Chreſtienté.

Les fautes de ce Traitté eſtoient ſi
groſſieres, que le ſieur de Leon l'en-
uoyant au Roy l'accompagna, non de
raiſons pour les ſouſtenir & les defendre, mais pour les excuſer.

Les motifs qui le porterent à les
commettre, furent l'extremité en laquelle il ſceut qu'eſtoit la perſonne du
Roy, les diuiſions qu'on luy mandoit
eſtre dans la Cour, & la creance qu'il
auoit que la perte de Caſal eſtoit ineuitable. Ces conſiderations firent, qu'il
ſe laiſſa aller d'autant plus aiſément à
condeſcendre aux ſolicitations extra-
ordinaires, que les Electeurs luy fai-
ſoient de conſentir la Paix. Que ſi-
gnant ce Traitté, ſans en auoir vn pouuoir valable, il iugeoit que ſi les raiſons qui l'auoient obligé à le conclure n'auoient point de lieu, ſa Majeſté
ne ſeroit point aſtrainte à l'obſerua-

tion de ce qu'il auroit fait sans pouuoir & sans ordre.

Pour cet effet en passant les Articles de la Paix, il protesta qu'il excedoit son pouuoir, & que le Roy ne seroit point blasmé s'il le desaduoüoit, veu qu'il agissoit contre ses ordres.

Le Traitté ayant esté examiné, & les motifs d'iceluy bien considerez au Conseil du Roy, on estima qu'il falloit par necessité se resoudre à l'vn de trois aduis.

Le premier estoit d'accepter le Traitté tel qu'il estoit, quoy que tres-preiudiciable.

Le second, de le declarer nul sur le champ.

Le troisiesme, de ne faire ny l'vn ny l'autre, mais laisser aller le cours des Armes du Roy en Italie, & donner ordre au sieur de Leon de tascher à reparer sa faute, portant l'Empereur à vne iuſte explication du Traitté, qui le rendiſt excuſable.

Ce dernier aduis eſtant auec raiſon eſtimé le meilleur, on depeſcha conformément audit ſieur de Leon le 26. Octobre. On luy donna charge particuliere de repreſenter à l'Empereur, & aux Electeurs, qu'ils ne pouuoient trouuer eſtrange ſi le Roy n'aprouuoit pas ce qui ſ'eſtoit fait à Ratiſbonne, puis qu'en le ſignát ledit ſieur de Leon les auoit aduertis, qu'il outrepaſſoit ſes ordres & ſon pouuoir. Que celuy qu'il leur auoit monſtré, & dont ils auoient copie authentique, iuſtifioit ſon dire, veu qu'il n'eſtoit ſpecial que pour les affaires d'Italie, & que le Traitté de Ratiſbonne contenoit pluſieurs autres choſes, qui n'auoient rien de commun auec icelles. Qu'il ſuffiſoit, en matiere de telles affaires, que le Traitté fuſt nul en vn poinct, pour l'eſtre en tout.

Il eut ordre d'adiouster en suitte, que nonobstant toutes ces nullitez, le Roy estoit si desireux de la Paix, qu'il consentiroit tres-volontiers à l'execution de ce qui auoit esté concerté sur le fait de l'Italie, selon le vray sens qu'on y deuoit donner de bonne foy, & dont sa Majesté desiroit esclaircissement particulier, auec dautant plus de raison, qu'vne lettre intercepte de Galasse à Aldringuer portoit en termes expres, qu'ayant veu le Traitté de Ratisbonne, il voyoit bien qu'il leur faudroit garder pour iamais les Forts & les passages des Grisons. Ce qui faisoit clairement cognoistre, qu'au lieu de bien vser de ce Traitté, on en vouloit abuser, au preiudice de la reputation de la France, & à la ruine entiere de ses Alliez.

Comme on estoit en apprehension, que la nouuelle de ce mauuais Traitté estant portée aux Lieutenans generaux de l'Armée du Roy en Italie, ar-

reſtaſt le cours du voyage qu'ils auoiēt
entrepris pour le ſecours de Caſal, on
receut vne depeſche de leur part, par
laquelle ils donnoient aduis de la rece-
ption qu'ils auoient faite dudit Traitté, auquel ils eſcriuoient auoir trouué
des choſes ſi contraires à celles qui leur
auoient eſté promiſes par celuy de la
ſuſpenſion, qui auoit eſté faite à Riualte le 4. Septembre entr'eux, & les
Miniſtres de l'Empereur & du Roy
d'Eſpagne, qu'ils n'auoient pas ingé
deuoir ſe diuertir du deſſein du ſecours
de Caſal, auquel ils ſ'eſtoient deſia
acheminez. Ils ſe fondoient principalement en vne raiſon, qui touchera les
ſens des plus groſſiers. Elle conſiſtoit
en ce que le Traitté de Riualte portoit
en termes expres, que ſi la Paix ſe faiſoit dans le 15. Octobre, on leur remettroit incontinent la ville & le Chaſteau de Caſal entre les mains, ce dont
ils demandoient l'execution, auec

d'autant plus de fondement que le Traitté de Ratisbône n'estât point fait auec les Espagnols, il n'estoit aucunement raisonnable qu'ils demeurassent en possession de ce depost plus long temps qu'il n'estoit porté par les conuentions faites auec eux. Ils declarerent au mesme temps , qu'encores qu'ils deussent attendre les ordres du Roy sur ce Traitté qui leur estoit incogneu, & auquel ils recognoissoient beaucoup de choses contraires aux iustes intentions du Roy , ils estoient prests d'accepter la Paix auec les Armes de l'Empereur & du Duc de Sauoye, qui aussi bien ne pouuoient s'opposer au secours de Casal, sans violer leur foy, veu les promesses qu'ils en auoient faites par le Traitté de Riualte.

Les Espagnols escouterent ces propositions, sans les accepter, par ce que les Armes du Roy estoient encore trop esloignées des murailles de Casal , &

consentirent seulement que le sieur
Mazarin vint trouuer les Lieutenans
generaux de l'Armée du Roy, qui
estoient lors à Roquesinalere, pour
leur offrir de nouuelles conditions d'a-
commodement si peu raisonnables,
qu'ils ne peurent y entendre. Mais en
fin il proposa qu'il pourroit porter les
Espagnols à sortir de la ville & Chasteau de Casal, pourueu que les François quitassent aussi en mesme temps la
Citadelle. A quoy il fut respondu, que
si en outre les Espagnols vouloient sortir des places fortes qu'ils tenoient au
Montferrat, & de tout le païs, ils y con-
sentiroient, & ne passeroient pas outre
auec les trouppes de sa Majesté : mais
que s'ils n'acceptoient ce party, ils con-
tinuëroient leur voyage.

Pendant ces allées & venuës les ennemis ne perdirent pas temps, se re-
tranchant & trauaillant en telle diligence, qu'ils firent en dix iours vne cir-

conuaïlation de six mil de tour, fort
bien acheuée.

Le 26. Octobre l'Armée du Roy
partant d'Oximiane arriua à la veuë de
Casal ; & Mazarin vint trouuer les
Lieutenans generaux vne heure auparauant, pour leur dire que les Espagnols ne vouloient en façon quelcon-
que entendre à la derniere proposition
qu'il leur auoit faite : mais que si l'on
vouloit prendre quelques autres expe-
dients, il esperoit les y pouuoir porter.
Il representa la grande force des ennemis, la resolution auec laquelle ils nous
attendoient, & le bon estat de leurs retranchements. A quoy on ne fit autre
responfe, sinon qu'il n'estoit plus
temps de parler, mais de faire, & qu'il
falloit que le different se terminast par
les Armes, & non plus par negotiatiõs.
Sur quoy ledit Mazarin prit congé, &
apres auoir bien consideré nostre Armée, s'en retourna en celle des ennemis.

Cependant on commençoit à mettre noftre Armée en bataille au delà de la Gatola, qui eft vne efpece de torrent qui ne fe paffe que fur de petits Ponts, & en peu d'autres paffages. Les ordres eftans pris dans la plaine entre Freffinet & Cafal, on fit la priere generale, & puis on commença à marcher droit aux retranchements des ennemis, auec tout l'ordre & la refolution que l'on euft peu defirer. Comme l'on n'eftoit qu'à cinq ou fix cens pas defdits retranchemens, on en vit fortir Mazarin au galop, qui vint trouuer le Marefchal de Schomberg, lequel eftoit en fon iour de cõmáder l'Armée, & luy dift qu'il f'eftoit trouué parmy les Efpagnols des efprits plus raifonnables que les autres, & qu'enfin ils f'eftoient refolus de confentir par raifon à ce qu'on vouloit auoir de force, & qu'ils eftoient prefts d'accepter le party qu'il auoit propofé, & auquel nous

auions consenty, qui estoit de rendre
la ville & Chasteau de Casal, que l'on
leur auoit deposée, sortir de Pôt-d'Estu-
re, Rosignan, Nice de la Paille, Roque-
vignane, Ponson, Aqui, & de tout le
Montferrat, pourueu que nous trou-
uassions bon, qu'au lieu de mettre les
places entre les mains de Monsieur du
Mayne, ce qu'ils ne pouuoient faire
auec la dignité de l'Empereur, qu'apres
que son pere auroit receu l'inuestiture,
il fust dit qu'ils les rendroient entre les
mains d'vn Commissaire Imperial, lequel remettroit en mesme temps lesdites places en celles de mondit sieur
du Mayne, ou de ceux qu'il voudroit
nommer. Que ledit Commissaire Imperial n'entreroit dans Casal qu'auec
son train, n'y demeureroit que iusqu'-
au 23. Nouembre que l'inuestiture
auoit esté promise à Ratisbonne au
Duc de Mantoüe, & ne se messe-
roit durant ce temps-là d'autre cho-

se que de donner le mot.

Les Mareschaux de la Force, de Schomberg, & Marillac, sçachant que le Roy n'auoit autre intention que de restablir le Duc de Mantoüe, & la Paix de l'Italie, consentirent à la retraite, & aux propositions des Espagnols faites par Mazarin, & empescherent, non sans peine, que l'Armée du Roy ne passast outre.

Le 28. les Espagnols sortirent de la ville & Chasteau de Casal, & les François de la Citadelle.

Des le 27. du matin, les Mareschaux de France receurent vne depesche du Roy, qui leur faisoit cognoistre la mauuaise satisfaction qu'il auoit du sieur de Leon, & leur prescriuoit d'attendre ses ordres auant que de tesmoigner aucun sentiment sur le sujet du Traitté qu'il auoit signé à Ratisbonne.

Quatre iours apres ils receurent or-

dre precis, de voir si les ennemis vouloient entendre de bonne foy à la
Paix, & en ce cas sans entrer en l'apro-
bation generale dudit Traitté, trauailler soigneusement à l'execution de ce
qui estoit necessaire, pour que les Ducs
de Sauoye & de Mantoüe fussent reel-
lement restablis en leurs Estats.

Ayant cet ordre, ils se disposerent à
continuer l'execution de ce qui estoit
conuenu entr'eux, les Imperiaux, & Espagnols, qui consistoit à faire sortir
toutes les Armées du Montferrat, &
pareillement lesdits Espagnols des
places qu'ils y tenoient. A quoy ils
apportoient de la longueur, sous pretexte de n'auoir peu retirer les munitions de guerre & de bouche qu'ils
auoient en ces lieux-là.

Les François procedans de bonne
foy, separerent leur Armée en deux,
en renuoyant vne partie par le chemin
qu'elle estoit venuë, & auec l'autre les
Lieu-

Lieutenans generaux passerent le Pó
sous Casal, & allerent loger à Riuedel-
boscq. Et comme ils estoient en resolution de continuer leur chemin vers
la France, ils sceurent que tant s'en
faut que les Espagnols fussent sortis
des places du Montferrat, qu'au contraire leur Armée, qui deuoit se retirer dans le Milanois, s'approchoit
de Casal, & auoit pris les logemens
dans les quartiers que les François
auoient laissez en se retirant de cette
place.

Cette mauuaise foy, qui fut telle,
qu'il se passa dix iours sans que les Espagnols voulussent executer ce à quoy
ils estoient obligez, fit resoudre les no-
stres à renuoyer trois Regimens François dans Casal, sous la conduite du
Mareschal de Marillac.

Aussi tost qu'il fut arriué, il rendit
raison de ce changement en presence
de Monsieur le Nonce, du Commis-

faire Imperial , de l'Ambaſſadeur de Veniſe, celuy de Sauoye, & Monſieur du Mayne, & declara hautement, que ce qui ſ'eſtoit fait n'eſtoit point pour rompre le Traitté, & qu'il eſtoit preſt de l'executer, auſſi toſt que les Eſpagnols & Alemands auroient ſatisfait à leur obligation. En ſorte que le Commiſſaire Imperial meſme recogneut, que les Eſpagnols ayant manqué à ce qu'ils auoient promis, les François ne pouuoient eſtre blaſmez d'eſtre reuenus dans Caſal, veu qu'il eſtoit raiſonnable que chacun executaſt en meſme temps ce à quoy on eſtoit obligé.

Les aduantages que le Commiſſaire Imperial prenoit dans Caſal, au preiudice de ce qui auoit eſté arreſté, comme de faire faire le ſerment pour l'Empereur aux gens de guerre qui y eſtoient demeurez , ſ'eſtre ſaiſi du Chaſteau & ſ'eſtre logé dedans, vouloir que perſonne n'entraſt &ne ſortiſt hors de la ville sans son passeport, obliger tous les gens de guerre à prendre patentes de luy, auoir ietté sous pretexte de domestiques des gens de main & de seruice dans le Chasteau, rendoit ce changement du tout necessaire.

Les choses s'estant ainsi conduites auec toute sorte de douceur, les Mareschaux de France qui marchoient, comme il est dit cy-dessus, auec partie de l'Armée, du costé de Liuourne & Bianzay, furent aduertis que l'Armée ennemie s'en venoit droit à eux pour les charger. Ils se trouuerent aussi estonnez de cette mauuaise foy, qu'ils le furent peu du peril où ils pouuoient estre. Ils mirent leurs gens en bataille, qui n'estoient qu'au nombre de sept mil hommes de pied, & mil cheuaux, & attendirent les ennemis tout le iour, entre ledit Liuourne & S. Antonin, & sur le soir allerent loger à Salugge, qui est sur le bord de la Doere balte, n'ayant

pas voulu passer la riuiere , afin de voir
si les ennemis viendroiét le lendemain
à eux. Le mesme soir Mazarin reuint
pour faire instance , que l'on voulust
faire sortir les François de Casal , pro-
testant qu'autrement l'on tomberoit
en rupture. A quoy il fut respondu,
que comme on ne le desiroit pas, on ne
le craignoit pas aussi. Que les François
ne sortiroient iamais de Casal, que les
Espagnols executant le Traitté du 26.
Octobre, ne quittassent les places du
Montferrat, & les Armées ennemies
ne sortissent en mesme temps de tout
le païs. Que pour monstrer que l'on ne
craignoit pas les menasses des ennemis, l'on les auoit attendus ce iour-là
sansvouloir passer la riuiere,&que l'on
seroit encore le lendemain en bataille
au deuant du quartier, pour voir s'ils
auoient enuie d'en venir aux mains.
Le iour estant passé sans que les ennemis parussent, les Lieutenans generaux

resolurent de passer ladite riuiere, &
estans au delà, il parut enuiron deux
cens Crauates, & autres deux cens cheuaux qui vindrent donner dans le
quartier de Salugge qu'ils auoient
laissé, dont quelques-vns s'auancerent
sur le bord de la riuiere.

Le lendemain les ennemis s'estans
retirez, l'Armée du Roy s'auança vers
Turin, à Folliso, où elle seiourna
quelques iours, pour auoir lieu de faire ietter dans Casal cinq ou six mil
charges de bled, soit du consentement
des Espagnols, soit de celuy seul du
Duc de Sauoye, soit contre le gré des
vns & des autres.

Auec le consentement des Espagnols, il ne s'y pouuoit trouuer de difficulté.

Sans iceluy, auec l'assistance du Duc
qui faisoit fournir des batteaux, les
difficultez estoient surmontables,
sans que l'Armée du Roy s'auan-

çaſt de nouueau vers Caſal,

Si le Duc s'y fuſt oppoſé coniointement auec les Imperiaux & Eſpagnols, il euſt fallu que l'Armée euſt
marché de nouueau.

Les Eſpagnols au commencement
prirent reſolution de s'oppoſer à ce ra-
uitaillement : & pour cet effet mirent
forces gens de guerre à Pont-d'Eſture,
en firent paſſer au delà du Po, trauerſe-
rent la riuiere de trois palliſſades de
paux, & la couurirent de quantité de
barques remplies de gens de guerre.
Les noſtres au contraire chargerent diuers batteaux de bleds, & embarque-
rent quatre cens hommes en diuers autres, ſe reſoluant de tenter le paſſage.

Cet embarquement eſtant fait &
commis à la conduite de huiſt ou dix
Capitaines de gens de pied, ils eurent
ordre de partir le 26. à 8. heures du
ſoir : mais en s'embarquant ils trouuerent qu'vne de leurs fregattes faiſoit

eau, de forte qu'ils furent contraints
d'y trauailler, & remirent leur parte-
ment à deux heures apres minuit. Il
semblé que Dieu permit cette remise,
pour empescher la perte de beaucoup
de gens : car fur les dix heures du foir, ledit Mazarin vint paffer au port de
Creffentin, où fe faifoit l'embarquement, & dit que les chofes eftoient ac-
commodées, & qu'il venoit trouuer les
Lieutenans generaux pour leur donner
tout contentement, tant de la fortie des
Efpagnols, que pour l'entrée des bleds
dans Cafal.

Les Marefchaux de France, qui n'a-
uoient autre but qu'vne bonne & foli-
de Paix, confentirent le 27. Nouembre
à cette propofition, qui fut effectuée le
30. dudit mois. En forte que les Efpagnols furent hors de tout le Montferrat, trois mil charges de bled furent
mifes dans Cafal, & les François forti-
rent de cette place, où il demeura feule-

ment quinze cens Montferrains.

Toutes choses ainſi executées de part & d'autre, le Mareſchal de Schomberg fiſt repaſſer en France la pluſ-part des trouppes du Roy, laiſſant ſeulement dix mil hommes de pied en Italie, & vingt Cornettes de Caualerie.

Monſieur du Mayne ſachant qu'on licentioit vn Regiment de Suiſſes, en priſt le debris à la ſolde de ſon pere, & en retira par ce moyen iuſqu'à quatre cens dans Caſal, dont depuis il les a faiɛt ſortir, mettant des Montferrains en leur place. Il fut ſi bien pourueu à la ſubſiſtance des trouppes qui demeurerent ſous le ſeul commandement du Mareſchal de la Force, que ledit ſieur Mareſchal de Schomberg partant de Piedmont laiſſa fonds entre les mains du Treſorier, pour les faire ſubſiſter iuſqu'à la fin de Feurier. Et bien qu'il euſt eſté preſque impoſſible

de faire voiturer des bleds de France en
Italie, tant à cause de la difficulté natu-
relle que causent les montagnes, qu'à
cause de la peste & disette des bleds,
qui a esté presque generale cette année:
la preuoyance & la puissance du Roy
a esté telle, qu'encore qu'il y ait eu
long-temps plus de cinq cens dra-
peaux dans le Piedmont, & pres de
quatre mil cheuaux, lors que l'Armée
est repassée en France il y auoit és Ma-
gazins du Roy pour nourrir plus de
trois mois vn si grand corps.

Voila la fidelle Relation de ce qui
s'est passé en Italie en toute l'année
1630. que la guerre y a tousiours esté,
quoy que la France ait faict l'impossible pour auoir la Paix.

Pour paruenir à cette heureuse fin,
le Roy ayant sceu par le sieur de Leon,
que sur la depesche que sa Majesté luy
auoit faite le 26. Octobre, pour response à l'aduis qu'il luy donnoit du

Traitté qu'il auoit passé à Ratisbonne, l'Empereur demeuroit d'accord de la vraye explication qui deuoit estre donnée à ce qui y auoit esté concerté sur le fait particulier de l'Italie : sa Majesté luy enuoya ordre, quoy qu'il fust desia de retour en France, de retourner à Vienne, pour faire entendre à sa Majesté Imperiale, qu'il ne desiroit rien dauantage, que de venir à vne prompte execution de ce qui estoit necessaire à cette fin, & que pour luy il remettroit tres-volontiers tout ce qu'il tenoit des Estats du Duc de Sauoye, pourueu que l'inuestiture des Duchez de Mantoüe & Montferrat fust deliurée, & qu'on restituast en mesme iour Mantoüe, & les passages & forts des Grisons.

Au mesme temps le Mareschal de la Force, ayant demandé congé de s'en reuenir en France, sa Majesté enuoye le Mareschal de Toiras, & le sieur Ser-

nien, pour executer ce qui estoit neces-
faire pour la Paix. Par là les aueugles
verront, s'il se peut proceder plus sincerement pour la conseruation des Alliez de la France, & le repos de l'Italie,
& de toute la Chrestienté.

Lors que la Paix sera faite, ils iuge-
ront à qui la gloire en sera deuë : si par
malheur elle n'arriue pas, ils cognoi-
stront qui en sera la cause.

Il n'y a personne qui ne soit capable
de cognoistre combien le procedé du
Roy a esté iuste & glorieux.

La succession des Duchez de Mantoüe & Montferrat n'est pas plustost arriuée au Duc de Neuers, que les
Espagnols l'en veulent despoüiller
sans autre droict que celuy de bien-
seance, par ce que lesdites Duchez sont
contiguës aux Estats qu'ils tiennent en
Italie.

Le Duc de Mantoüe se pouruoit
vers l'Empereur, luy demande, ainsi

qu'il estoit obligé, l'inuestiture de la succession qui luy est escheuë. La vertu de l'Imperatrice fauorise la iustice de sa cause, & solicite l'Empereur de luy accorder sa demande. Sa Majesté Imperiale veut faire de son propre mouuement ce que la raison & le Duc de Mantoüe requierent coniointement, mais les artifices des partisans d'Espagne destournent les effects de son equité,

Les Espagnols entrent à main armée dans le Montferrat. Les Imperiaux font de mesme dans le Mantouan. Le Roy interuient par prieres, pour arrester le cours de leurs Armes. Ses negotiations sont mesprisées, & lors il est contraint d'en venir à la force. Sa reputation, & l'interest de ses Alliez, l'obligent d'en vser ainsi.

La Republique de Venise entreprend d'assister le Duc au Mantoüan, qui est en son voisinage, & le Roy de

le secourir au Montferrat, païs esloigné de ses Estats, moyennant le libre
passage que le Duc de Sauoye luy doit
donner.

Le Duc au mespris de sa foy, & des
Traittez passez auec la France, s'oppo-
se aux Armes de sa Majesté.

Elles se font passage, & aussi tost que
leur puissance paroist en Italie, sa
Majesté se soufmet à des conditions
d'vne bonne & honorable Paix. Quelques aduantages qu'il ait, il ne desire
autre chose, que de voir le Duc
de Mantoüe paisible possesseur de
ses Estats.

Les asseurances qu'on en a données
dés le commencement à Monsieur le
Legat, le iustifient, & les projets de
Paix que le sieur Mazarin en a receus de sa part le font voir clairement,

Pignerol ne fut pas plustost pris,
que les ennemis ne publiassent ouuer-

tement, que pourueu qu'on le restituast, rien n'empescheroit la Paix. Sa Majesté l'a tousiours voulu, sans pouuoir auoir aucun effect de leurs paroles.

Spinola a dit plusieurs fois aux Ministres du Pape, que quand il auroit pris Casal, la Paix ne lairroit pas de se faire, pourueu que la France ne voulust retenir aucun pied en Italie : & iamais il n'a veu la France se reduire à ce poinct, qu'il ne se soit esloigné de la Paix.

Colalte a tousiours fait cognoistre, que la prise de Mantoüe faciliteroit plustost la Paix, que l'empescher, veu que par ce moyen la reputation de l'Empereur estoit à couuert : & ce pendant depuis la perte de cette place, il n'y a pas voulu entendre.

Le Duc de Sauoye a tousiours promis, que moyennant la restitution de ses Estats la Paix estoit indubitable.

On n'a iamais esté vn seul moment, sans vouloir luy rendre ce qu'il desiroit, & la Paix ne s'en est pas ensuiuie.

Ce Prince se trompe par les esperances qu'on luy laisse prendre, qu'il aura le Montferrat, si la guerre dure. On luy represente tout ce qui le deuoit destourner de telles pensées : mais les iustes considerations, qui deuoient tout pouuoir sur luy, ne peurent le destacher d'vn party, où son pere l'auoit embarqué contre ses interests, & peut-estre contre ses sentimens propres.

La prise de Mantoüe si extraordinaire, qu'il est mesme impossible de la conceuoir apres qu'elle est arriuée, comblant les Imperiaux d'orgueil, Spinola de ialousie, & le Prince de Piedmont d'estonnement d'vne part, & d'esperance de l'autre, est la principale cause de la continuation de la guerre.

Les diuerſes impreſſions que les ennemis ont priſes, que la France ne vouloit, ny ne pouuoit ſouſtenir la guerre,
que les eſprits y eſtoient diuiſez ſur ce
ſujet, & qu'ainſi ils la contraindroient
de conclure vn Traitté, à telles conditions que bon leur ſembleroit, n'ont
pas auſſi peu ſeruy à empeſcher la
Paix.

La facilité que nous auons apportée
à tout ce qui la pouuoit auancer, l'a re-
tardée: ceux à qui nous auons à faire
ne ſ'eſtans ſeruis de ce qui leur a eſté
accordé, que pour en pretendre dauantage.

Ils ont eſtimé que le flegme de leur
nation preuaudroit à l'impatience de
la noſtre, & que leur perſeuerance en
leur iniuſtice gaigneroit enfin la fer-
meté que nous deuons auoir à continuer la iuſte defenſe des oppreſſez.

Ils ſe ſont trompez en leur calcul,
& par la grace de Dieu les Armes du
Roy

Roy ont eu autant d'aduantage que de
iuſtice. Elles ont touſiours battu en
quelque lieu qu'elles ayent trouué op-
poſition. Les combats de Veillane &
de Carignan le iuſtifient. Leurs con-
queſtes qui ouurent toutes les portes
d'Italie, & ſont contiguës à la France,
ſont beaucoup plus importantes que
les vſurpations des ennemis.

Elles ſont d'autant plus à eſtimer,
qu'elles ont eſté faites à la face de trois
Armées puiſſantes pour ce qui eſt du
Piedmont, & d'vne autre dans la Sauoye, qui nonobſtant l'auantage des
lieux a excuſe d'auoir touſiours laſché
le pied, puis que c'eſt deuant la perſonne du Roy, qui eſt tellement ac-
couſtumé à vaincre, que ſa ſeule om-
bre eſt capable de confondre ceux qui
s'oppoſent à ſes Armes.

Les ennemis n'ont rien acquis de
conſiderable, qu'aux lieux où ils n'ont
point trouué la reſiſtance des Fran-

gois. La tromperie, la faim, & les rufes
ont beaucoup plus de part en leurs
conqueftes que la force. Ils n'ont
Mantoüe que par furprife, ils doiuent
cette bonne fortune à la pefte, qui
comme vn fleau de Dieu abbat les
hommes, fans que fouuent ils fe puif-
fent defendre. Leur foibleffe a efté
leur force en cette occafion, puis que
le mefpris qu'on en faifoit les a rendus
victorieux,

Cafal a toufiours refifté à leurs ef-
forts, ils n'y ont mis le pied que par
la confignation qui leur en a efté faite volontairement, & ils l'ont rendu
en la prefence de nos forces.

Le Roy n'a pas perdu en cette guerre vn feul des principaux Officiers de
fon Armée. Et outre que les ennemis
en ont peu conferué des leur, la mort
du Duc de Sauoye, du Marquis Spinola, & du Comte Collalte, Chefs
des trois Armées, qui s'oppofoient à

celles de la France, ne sera pas en l'esprit des plus iudicieux vne petite marque de leur mauuaise cause.

Dieu, qui fauorise la Iustice & les bons desseins, benira en fin de telle sorte les iustes intentions du Roy, selon les vœux de tous les gens de bien; Que ses Alliez seront conseruez en la possession de ce qui leur appartient legitimement, & que ses ennemis ne troubleront plus à l'aduenir le repos de la Chrestienté, comme ils ont fait par le passé en diuerses occasions.

F I N.